# Vorschläge sammeln und darüber sprechen

Das neue Klassenzimmer

**Einrichtung**
- Gruppentisch
- Leseecke
- Kletterbaum
- Blumenfenster
- Kochplatte

**Wände**
- Bilderleiste
- Torwand
- Pinnbrett
- Tapeten
- Fotowand

**Dienste**
- Blumenpflege
- Milch verteilen
- Vorsagedienst
- Hefte einsammeln
- Ausflüge planen

[1] Welche Vorschläge passen nicht? Streiche sie durch.
Schreibe einen passenden Vorschlag auf jedes Plakat.

[2] Verbinde die Satzteile zu sinnvollen Gesprächsregeln.

- Bevor ich etwas sage,
- Wer etwas erzählt,
- Wenn andere sprechen,
- Wer etwas Falsches sagt,

- höre ich zu.
- wird nicht ausgelacht.
- melde ich mich.
- bleibt beim Thema.

[3] Schreibe die Regeln nun auf.

# Passende Überschriften finden

1. Hier sind Überschriften von zwei Geschichten aus dem Freibad:

Beurteile die Überschriften so:

 Diese Überschrift macht neugierig.

 Hier weiß man schon genau, wie es ausgeht.

 Diese Überschrift wirkt langweilig.

2. Überlege, was hier geschehen könnte.
Finde zu jedem Bild eine Überschrift.

# Wortarten erkennen

1. Male die Felder mit Namenwörtern gelb, mit Tunwörtern rot und mit Wiewörtern grün aus.

Von jeder Wortart sind es ☐ Wörter.

malen, turnen, sauber, Schmutz, schwierig, tanzen, Heirat, pflegen, schön, Unterricht, Mädchen, aufräumen, farbig, stark, Amt

2. Schreibe die Wörter auf.

Namenwörter mit Begleiter: _____

Tunwörter in der Grundform: _____

Wiewörter: _____

3. Suche zu jedem Bild zwei Namenwörter, zwei Tunwörter und zwei Wiewörter.

KREUZUNG, HALTEN, FAHREN, ABENTEUER, ROT, SAUBER, SCHWAMM, SPANNEND, GEFÄHRLICH, SCHMUTZIG, LUSTIG, AMPEL, ERZÄHLEN, LESEN, BADEN, BUCH, SPRITZEN, WASSER

Namenwörter: _____

Tunwörter: _____

Wiewörter: _____

# Wir üben Merkwörter

Amt, Aufgabe, aufräumen, baden, Bank, eigentlich, Heft, heiraten, Lehrer, liegen, Mädchen, pflegen, putzen, Raum, sammeln, sauber, Schmutz, schwierig, selbst, Stuhl, Tafel, tanzen, turnen, Unterricht

1. Unterstreiche Namenwörter, Tunwörter und Wiewörter mit je einer Farbe.

2. Fülle die Lücken.

Alle helfen mit

Unser R___m soll schön und _aub__ bleiben. Ist das schw_____? Eig_____ nicht. Jeder bekommt eine __fg____. Seinen Platz muss jeder sel____ aufr_____.

Kein Schm____ darf liegen bleiben und nach dem Unte_____ stellen wir die St_____ auf die Tische.

3. Setze neue Wörter zusammen und schreibe sie in die Zeilen.

HAUS FRÜHJAHRS | PUTZ | EIN VER | SAMMELN | VER BLUMEN | PFLEGE | R N RIN | EN MITTEL EIMER | AUF EIN UM AB | RÄUMEN

zu S. 10

# Wir üben Merkwörter

**1** Schreibe die Tunwörter an den richtigen Platz. Wie heißt das Lösungswort?

Beim Sport — 1

In der Badewanne — 2

In der Kirche — 3

Bei einem Fest — 4

In der Zeitung — 5

Bei einem Gespräch — 6

In der Pause — 7

Über einen Witz — 8

Einmaleinsaufgaben — 9

Im Schlaf — 10

Wörter: träumen, reden, turnen, rechnen, lachen, spielen, heiraten, baden, tanzen, berichten

Lösung (in Großbuchstaben):
1 2 3 4 5 6 7 8 9 10

**2** Merkwörter raten

- Bei meinem Wort kommen zwei **r** zusammen.
- Meine zwei Wörter beginnen mit vier Mitlauten.
- Mein Wort hat ein **i** und ein **ie**.
- Mein Wort reimt sich auf **nutzen**.

Wörter: Schmutz, schwierig, Unterricht, schwierig, putzen

**3** Kreuze die Merkwörter von Seite 4 auf der letzten Seite an.

zu S. 10 und 11

## Verschiedene Satzarten

1. Wohin gehören die Satzzeichen? Setze sie richtig ein.

Der Schulhof ist voller Abfall
Die Naturfreunde holen ihre Mitschüler
Kommt sofort alle her
Wer hat die leeren Dosen liegen lassen
Was hat das Papier auf der Wiese zu suchen
Wie kommen die Glasscherben auf den Weg
Das muss anders werden
Hört endlich auf, euch so zu benehmen
Jetzt räumen alle auf
Die Naturfreunde sind zufrieden

2. Verbinde die Teile und setze die passenden Satzzeichen ein.
Schreibe die Fragen und Aufforderungen mit verschiedenen Farben auf.

| Wer hat | Batterien im Müll |
| Was sollen | Dosen auf das Dach geworfen |
| Wieso sind | das Papier auf dem Hof auf |
| Werft | die Flaschen auf der Wiese |
| Sammelt | alles wieder in Ordnung |
| Bringt | den Abfall in den Mülleimer |

# Wir üben Merkwörter

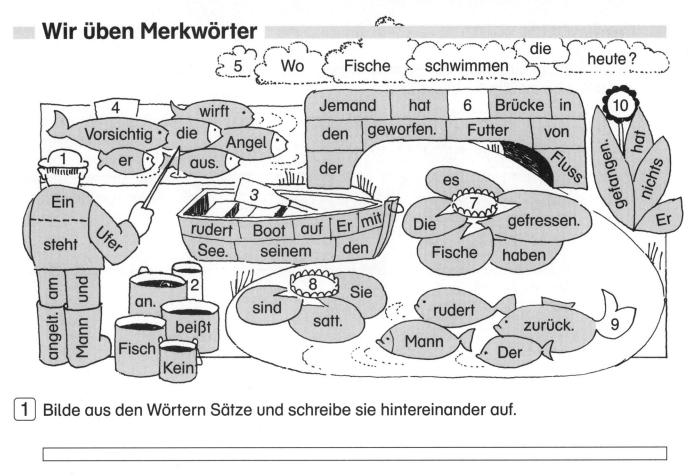

1. Bilde aus den Wörtern Sätze und schreibe sie hintereinander auf.

2. Kreuze die Merkwörter auf der letzten Seite an.

Boot, Brücke, Fisch, Fluss, Futter, Mann, See, angeln, beißen, fressen, rudern, schwimmen, vorsichtig, jemand, nichts, zurück

## Merkwörter raten

**1** Im Gitterrätsel haben sich 14 Merkwörter versteckt. Male die Felder gelb aus und schreibe die Wörter in die Zeilen.

| A | M | A | F | R | E | S | S | E | N | O | P | H |
|---|---|---|---|---|---|---|---|---|---|---|---|---|
| X | P | M | A | N | N | U | P | F | I | S | C | H |
| R | U | D | E | R | N | X | L | M | B | O | O | T |
| J | P | O | S | E | E | B | A | N | G | E | L | N |
| V | O | R | S | I | C | H | T | I | G | H | O | T |
| F | U | T | T | E | R | M | N | I | C | H | T | S |
| P | J | E | M | A | N | D | B | R | Ü | C | K | E |
| H | U | S | C | H | W | I | M | M | E | N | T | K |
| Z | U | R | Ü | C | K | X | O | P | S | I | F | T |

*fressen, Mann, Fisch, rudern, Boot, See, angeln, vorsichtig, Futter, nichts, jemand, Brücke, schwimmen, zurück*

**2** Vergleiche mit dem Merkwortkasten auf Seite 7.
Zwei Wörter findest du nicht im Gitterrätsel. Schreibe sie auf.

**3** Merkwörter raten

Vier Wörter haben doppelte Mitlaute.

Zwei Wörter haben doppelte Selbstlaute.

Bei zwei Wörtern ist der zweite Buchstabe ein r.

# Geschichten erfinden

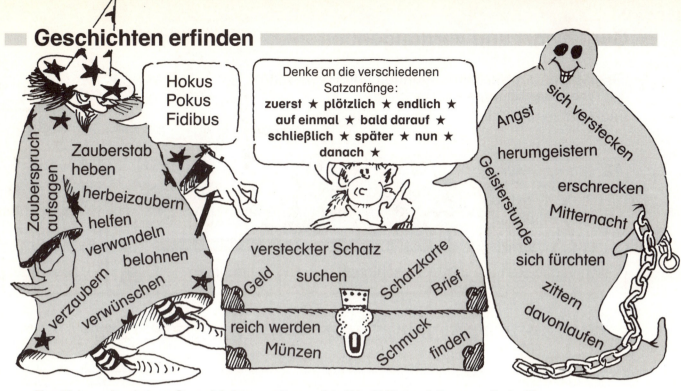

Erzähle, wie deine Geschichte weitergeht. Die Wörter können dir helfen.

Es waren einmal zwei Kinder, die hießen Hans und Grete. Eines Morgens stand im Garten hinter ihrem Haus ein wunderschönes Schloss. Sie trauten sich zuerst nicht hinein. Doch dann fassten sie sich ein Herz und öffneten vorsichtig das Tor.

# Gegenwart und Vergangenheit

**1** Gespenster aus der Vergangenheit und Gespenster der Gegenwart unterhalten sich.
Bilde Sätze und unterstreiche die Zeitwörter.

Früher... Heute...

| in der Burg | im Schulbus | im Schloss | im Hotel | im Mondlicht | im Laternenlicht | die Grafen | die Lehrer |

sich verstecken — schlafen — träumen — ärgern

Früher versteckten wir uns in der Burg.
Heute
Früher
Heute
Früher
Heute
Früher
Heute

**2** Finde weitere Beispiele mit den Zeitwörtern fliegen – spielen – geistern – heulen.

# Wir üben Merkwörter

**1** Vervollständige die Sätze. Schau dazu in den Merkwortkasten und auf die Bilder.

Die ☐ ☐ den ☐ zu.

Der Frosch ☐ die ☐ hinauf.

Die goldene ☐ ist im Brunnen.

Frau Holle ☐ die ☐ aus.

Der Apfel ist ☐. Schneewittchen soll ihn essen und daran ☐.

☐ wachsen über das ganze ☐.

Der Koch ist in der ☐.

Ihm fällt der ☐ aus der Hand.

---

Bett, Hexe, Käfig, Küche, Kugel, Löffel, Rose, Schloss, Treppe,
aufwecken, hüpfen, reiten, schließen, schlüpfen, schütteln, sterben,
verlangen, wachsen, brav, giftig, tot, ganz, seit, über

---

**2** Suche im Merkwortkasten Reimwörter.

| Tanz | hüpfen | Dose | nett | werben |
|---|---|---|---|---|
| ☐ | ☐ | ☐ | ☐ | ☐ |

**3** Die Wörter sind im Zaubernebel. Schreibe sie auf.

Bett, Kugel, schütteln, wachsen, giftig, Rose, über, Löffel, brav, ganz, Schloss, hüpfen, Käfig, Küche, Treppe, schließen

# Nach Silben trennen

Im Turm haben sich Märchenfiguren versteckt. Du kannst sie finden, wenn du die passenden Silben zusammensetzt.

1 Schreibe sie hier auf.

2 Was die Märchenfiguren tun: Trenne nach Silben.

sterben
spielen
fressen

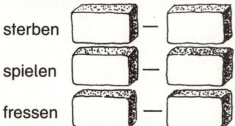

verwandeln
hüpfen
einschließen
schütteln

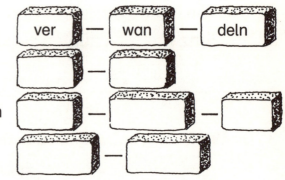

3 Zeichne in die Wörter Silbenbausteine ein.

Zum Beispiel: Schnee witt chen   Zwerg Nase

Dornröschen   Froschkönig   Rapunzel

Bremer Stadtmusikanten   Rosenrot

Frau Holle

# Erlebnisse mitteilen

1. Stell dir vor, deine Freundin oder dein Freund ist umgezogen. Du willst einen Brief schreiben. Notiere dazu Stichwörter.

| Wovon ich erzählen will: | Was ich wissen will: |
|---|---|
|  |  |
|  |  |
|  |  |
|  |  |
|  |  |

2. Schreibe nun den Brief:

## Was ist vorausgegangen?

rechtzeitig aufstehen

warm und kalt duschen

verschlafen

eine Katzenwäsche machen

in Ruhe frühstücken

gemütlich zur Haltestelle gehen

hastig vom Brot abbeißen

aus dem Haus stürzen

1. Wähle ein Kind aus und schreibe in der zweiten Vergangenheit auf, was es am Morgen getan hat.

2. Unterstreiche in jedem Satz das Zeitwort und das Hilfswort.

# Wir üben Merkwörter

A = 1
B =
C =
D =
E =
F =
G =
H =
I =
J =
K =
L =
M =
N =
O =
P =
Q =
R =
S =
T =
U =
V =
W =
X =
Y =
Z =

**1** Ordne den Buchstaben die Zahlen 1 bis 26 zu. Nun hast du eine Geheimschrift.

**2** Entschlüssle den Geheimbrief.

Gehe zum _____ !
20 5 12 5 6 15 14

Wähle diese _____ ! Ein _____
14 21 13 13 5 18    20 1 24 9

meldet sich. Es soll dich zur Schule _____ .
6 1 8 18 5 14

Gehe dort die _____ hinauf!
20 18 5 16 16 5

_____ dich nicht zu schnell!
2 5 23 5 7 5

Besuche deinen _____
12 5 8 18 5 18

im _____ !
21 14 20 5 18 18 9 3 8 20

Seine Augen werden _____ , wenn er dich sieht.
12 5 21 3 8 20 5 14

**3** Unterstreiche im Merkwortkasten die Merkwörter, die im Geheimbrief nicht vorkommen.

---

Bart, Bauch, Hals, Kette, Kleid, Nummer, Praxis, Schulter, Sport, Stirn, Taxi, Telefon, Träne, Zunge, bewegen, fahren, heulen, holen, impfen, leuchten, rennen, stoßen, stürzen, verletzen, wählen, außen, darum, entgegen, links, mehr, rechts, sondern, wieder

# Ordnen nach dem Alphabet

1. Die Kinder haben sich nach dem Alphabet aufgestellt. Verbinde die Namensschilder mit den Kindern.

Ercan   Christian   Nicki   Anna   Alex   Nina   Boris   Erni

**Das Abc des Körpers**
Kopf, Haar, Ohr, Trommelfell, Stirn, Auge, Nase, Wange, Mund, Lippe, Zahn, Zunge, Kinn, Bart, Hals, Kette, Arm, Oberarm, Ellbogen, Unterarm, Daumen, Bauch, Kleid, Ferse, Zeh, Brust, Knie, Hand, Finger, Bein, Fuß, Oberschenkel

2. Ordne die Wörter nach dem Alphabet.
Pass dabei auf, wenn mehrere Wörter mit dem gleichen Buchstaben anfangen.

A: *Arm,*

B:

C:

D:

E:

F:

G:

H:

I:

J:

K:

L:

M:

N:

O:

P:

Q:

R:

S:

T:

U:

V:

W:

X:

Y:

Z:

3. Zwei Wörter gehören nicht in die Liste. Streiche sie durch.

# Eine Streitgeschichte

Charles M. Schulz

Setze vor die Sprechblasen die passenden Zeitwörter:
weinen, brüllen, befehlen, fordern, murren, fragen, sagen, drohen, seufzen, loben

Luzie _____ : Fass die Buntstifte nicht an!

Charlie _____ : Mammi!

Luzie _____ : Du meine Güte!

Mammi _____ : Luzie, du teilst die Stifte mit deinem Bruder!

Luzie _____ : Junge, ich möchte dir eine kleben!

Charlie _____ : Gib mir Buntstifte…

Luzie _____ : Hier hast du drei… Verschwinde!

Luzie _____ : Ich hab ihm drei gegeben, Mammi! Genügt das?

Mammi _____ : Gut, Luzie… Es ist schön, wenn ihr teilt…

Charlie _____ : Weiß, grau und schwarz! Seufz!

# Eigenschaftswörter

1. Schreibe neben jedes Wort den Gegensatz.
   Male immer ein Paar mit einer Farbe aus.

klein
traurig
hart
gerade
alt
eckig
weit
schmutzig
kalt
kurz
dünn
sauer
tief
leer

voll
weich
krumm
lang
süß
sauber
jung
groß
rund
hoch
heiß
fröhlich
dick

2. Welches Eigenschaftswort bleibt übrig?

_____

3. Finde zu diesen Dingen passende Eigenschaftswörter.

Eis – Sonne – Zwerg – Zitrone – Riese – Feder – Zucker – Nuss

Schreibe so:

*Das Eis ist*

# Wir üben Merkwörter

**1** Wie heißen die Merkwörter?

1. ☐
2. ☐
3. ☐
4. ☐
5. ☐
6. ☐
7. ☐
8. ☐

**2** Geheimschrift: Welche Merkwörter sind gemeint?

|||||||||  ☐        |||| ☐

||| ☐     ||||| ☐        |||||| ☐

|||||||| ☐          |||||||||| ☐

**3** Ordne die Wörter aus dem Merkwortkasten nach Wortarten.

Namenwörter (4): ☐

Tunwörter (9): ☐
☐

Eigenschaftswörter (2): ☐

andere Wörter (3): ☐

---

Acker, blicken, Block, boxen, daran, darauf, dick, hatte, immer, Kampf, laut, schimpfen, schweigen, stehlen, stürmen, tropfen, vergessen, Wut

# Zu Bildern und Wörtern Geschichten erzählen

Während einer Fernsehsendung ist Lassie aus dem
Bildschirm zu dir in die Wohnung gesprungen.

1. Überlege, was Lassie anstellen könnte.
   Diese Wörter helfen dir:

   Kühlschrank, öffnen, holen, Schaumbad, Kleiderschrank, Wurst, Wasser, schnüffeln, springen, verkleiden, Seife, Badewanne, fressen, verstecken

   Im Kinderzimmer:

   Im Badezimmer:

   In der Küche:

2. Schließlich muss Lassie zurück ins Fernsehen.
   Erzähle vom Ende eures Abenteuers.

# Zusammengesetzte Eigenschaftswörter

1. Bilde aus Namenwörtern und Eigenschaftswörtern zusammengesetzte Eigenschaftswörter. Kennzeichne die Paare farbig.

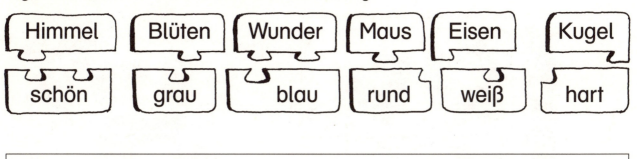

_____

_____

_____

2. Schreibe die passenden Eigenschaftswörter zu den Bildern.

3. Bilde zusammengesetzte Eigenschaftswörter und schreibe sie so auf:

So leicht wie eine Feder: federleicht

So schwarz _____

_____

_____

_____

# Wir üben Merkwörter

**1** Schau dir das Bild an und ergänze im Text die fehlenden Merkwörter.

Hanni und ihr ⬜ setzen sich vor den Fernseher. Sie ⬜ auf einen Knopf und sehen zuerst eine ⬜ auf dem Bildschirm. Dann ⬜ sie den Sender. Seit wenigen ⬜ läuft ein Tierfilm. Die Kinder ⬜ zu lachen, denn er ist sehr ⬜. Ein Affe hat eine ⬜ auf dem Kopf. Auf dem Boden liegen ein ⬜ und ⬜. Ob er ⬜ davon fressen wird? Nun liest er auch noch in der ⬜: Er ist also nicht ⬜. Ob das wohl ⬜?

> beginnen, Bruder, drücken, dumm, etwas, fett, Frau, Gemüse, halb,
> lustig, Minute, Salat, selber, stimmen, Tomate, wechseln, wem, Zeitung

**2** Ordne die Merkwörter.

Namenwörter (8): ⬜

Tunwörter (4): ⬜

Eigenschaftswörter (2): ⬜

**3** Vier Merkwörter bleiben übrig: ⬜

## Wir üben Merkwörter

**1** In den Buchtiteln sind Merkwörter versteckt. Kennzeichne sie farbig und schreibe sie auf.

Eltern, Ferien, Kissen, Natur, Ruhe, Schwester, Spaß, Text, Zucker, ändern, bereiten, bremsen, feiern, gewinnen, kochen, leiten, malen, mixen, parken, retten, schöpfen, sorgen, trinken, wahr, welche

**2** Suche die verwandten Tunwörter im Merkwortkasten und schreibe sie auf.

Rettung: _____   Bremse: _____   bereit: _____

Leiter: _____   Parkplatz: _____   Mixer: _____

Sorge: _____   Schöpfung: _____   Gewinn: _____

**3** Was passt hierher? Ergänze mit Merkwörtern.

einen Preis _____   ein Glas Limo _____

vor Wut _____   ein Fest _____

ein Bild _____   _____ schlecken

aus der Not _____   Verdacht _____

_____ haben   an der roten Ampel _____

eine Freude _____   _____ machen

zu S. 46 und 47

# Wörtliche Rede

**1** Verbinde die Märchenfiguren und die passenden Sprechblasen.

**2** Wähle Personen aus und schreibe auf, was sie sprechen.
Diese Wörter kannst du verwenden:
fragt – ruft – erkundigt sich – brüllt – bittet – möchte wissen – murrt – schimpft
Kennzeichne die wörtliche Rede.

*Hänsel ruft: „Komm, wir naschen von dem Zucker!"*

# Zusammengesetzte Namenwörter

Eine Kasperlgeschichte von Otfried Preußler

Kasperl und Seppel machen sich auf, um den wilden Räuberhauptmann Hotzenplotz zu fangen. Mit einer Pfefferpistole hat er nämlich Großmutters Kaffeemühle geraubt, die ihr Lieblingslied spielen konnte.
Mit einer seltsamen Goldkiste legen Kasperl und Seppel den Räuber zwar herein, aber er lockt sie doch in eine Falle.
Kasperlmütze und Seppelhut spielen eine wichtige Rolle im Zauberschloss. Eine verwünschte Prinzessin im Unkenpfuhl wird mit dem Feenkraut gerettet.
Das letzte Bild im Buch zeigt einen Singvogel in einem Gitterkäfig. Kannst du dir denken, wer das ist?
Das Buch ist berühmt und hat auch den Jugendbuchpreis erhalten.

1) Kennst du das Buch? Unterstreiche im Text alle zusammengesetzten Namenwörter. (Es sind 15.)

2) Zerlege die zusammengesetzten Namenwörter in einzelne Wörter. Wähle sechs davon aus und schreibe sie so auf:

*Räuberhauptmann: der Räuber, das Haupt, der Mann*

3) Rätsel

Ein Stoff, der klebt:

Ein Rad, das fährt:

Ein Gummi, der radiert:

# Wegbeschreibung

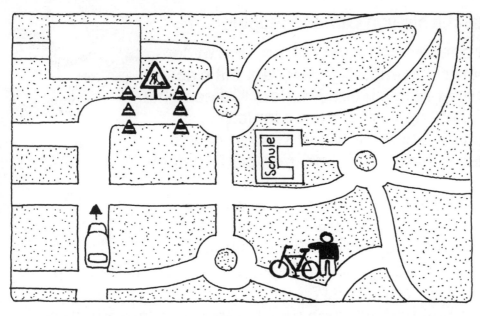

Das Auto will zur Peterskirche. So muss es fahren: an der nächsten Kreuzung rechts – dann links bis zum Kreisverkehr – dort die dritte Straße, auf dieser Straße weiter bis zur Kirche.

1. Zeichne den Weg ein und male die Kirche an die richtige Stelle.

2. Beschreibe dem Fahrradfahrer den Weg zur Schule.

3. Moritz will zum Zoo. Beschreibe ihm den Weg nach dieser Skizze. Zeichne den Weg zuerst ein.

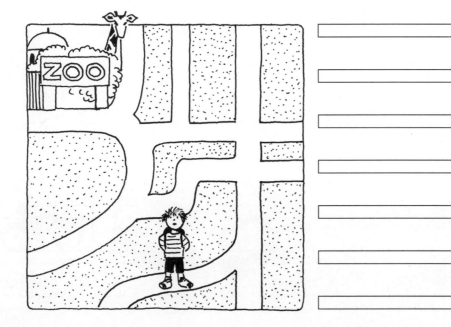

# Persönliche Fürwörter

Schwierige Situationen:

1. Schreibe mit den Fürwörtern Sätze auf.
   Unterstreiche die Endung der Zeitwörter.

   z. B. *Ich arbeit<u>e</u> und du lieg<u>st</u> herum.*

2. Für welche Namenwörter stehen hier die Wörter **er**, **sie**, **es**?

   Sarah verreist am liebsten mit dem ▭.
   Es kann überall hinfahren und es kann auch überall anhalten.

   Manuel fährt am liebsten mit der ▭.
   Sie hält in fast jeder Stadt und sie kann viele Menschen mitnehmen.

   Orhan möchte gerne einmal mit dem ▭ fliegen.
   Er kann steil nach oben steigen und er kann in der Luft stehen bleiben.

zu S. 58 und 59

# Wir üben Merkwörter

Phillip ist allein zu Hause.

**1** Trage die Wörter zu den richtigen Nummern ein.
Du erfährst, was Phillip zu sich sagt.

Wolken mit Buchstaben:
- ① BRACH N
- ② GPANSNNU
- ③ GIENW
- ④ SRTE
- ⑤ ENTTZRI
- ⑥ CHON
- ⑦ MAMTS
- ⑧ SIN
- ⑨ ECKED

Ich war ein richtiger _____ .

**2** Wenn du einige Fürwörter durch passende Namenwörter ersetzt, kannst du die Geschichte besser verstehen. Schreibe die veränderte Geschichte auf.

Er ist allein. Sie sind nicht da. Auch sie sind weg. Er hat erst wenig geschlafen,

als er wieder wach wird. Jemand klopft immer lauter. Hier stimmt etwas nicht!

Sie haben doch einen Schlüssel! Ob er ins Haus will? Er zittert vor Spannung.

Er versteckt sich unter der Decke und dem Kissen. Nun ist wieder Ruhe.

Nach wenigen Minuten klingelt es. Wer ruft an?

---

Butter, Decke, Dieb, Gewitter, Nachbar, Pfennig, Schlitten, Spannung,
Stamm, Zettel, klopfen, seid, wird, zittern,
also, erst, ins, neben, noch, ob, spät, unter, weder, wenig

zu S. 60 und 61

# Doppelte Mitlaute

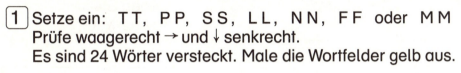

1. Setze ein: T T, P P, S S, L L, N N, F F oder M M
   Prüfe waagerecht → und ↓ senkrecht.
   Es sind 24 Wörter versteckt. Male die Wortfelder gelb aus.

2. Schreibe die gefundenen Wörter hier auf.

3. Finde Reimwörter:

| Wanne | Rolle | Kasse | Puppe |
| T | W | T | S |
| Kelle | Sonne | Sessel | Hammer |
| W | T | K | K |

4. Welche Doppelmitlaute fehlen? Trage sie ein.

Me__er   Hi__el   Bu__er   Sta__   schwi__en

gewi__en   sa__eln   du__   i__er   Ke__e

# Sachtexte schreiben

Der Gärtner gibt der Klasse 3b Tipps: „So könnt ihr Begonien vermehren."

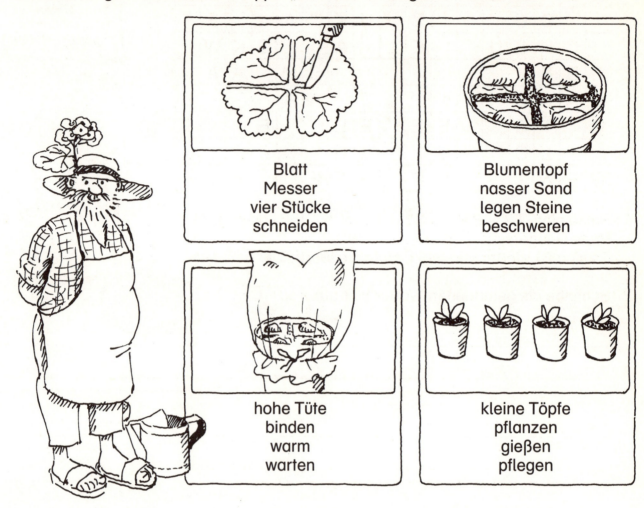

1 Alles, was du machen musst, hat der Gärtner in Stichworten aufgeschrieben.
  Fülle die Lücken. Die Wörter und Bilder helfen dir.

– Blatt mit dem ▭ in ▭ ▭ schneiden

– die vier ▭ in einen ▭ mit ▭

  ▭ legen und mit ▭ ▭

– um den Blumentopf eine ▭ ▭,

  den Topf ▭ halten und ▭

– die Pflänzchen in ▭ ▭ ▭,

  ▭ und ▭

2 Schreibe nun den ganzen Text in dein Heft.
  Benutze die Satzanfänge: Zuerst – Dann – Nun – Danach – Jetzt – Schließlich

# Satzglieder

Zirkuswelt

1. Mit den Wörtern kannst du verschiedene sinnvolle Sätze bilden. Schreibe sie auf.

Erzählsätze:

Fragesätze:

2. Welche Wörter bleiben immer zusammen? Kreise die einzelnen Satzteile ein.

3. Hier fehlen Satzteile. Ergänze sie.

Morgen _____ wir in den Zirkus.

Ich mag besonders _____ .

_____ darf auch mitkommen.

# Wir üben Merkwörter

1. Ergänze die Buchstaben und schreibe die Wörter auf.

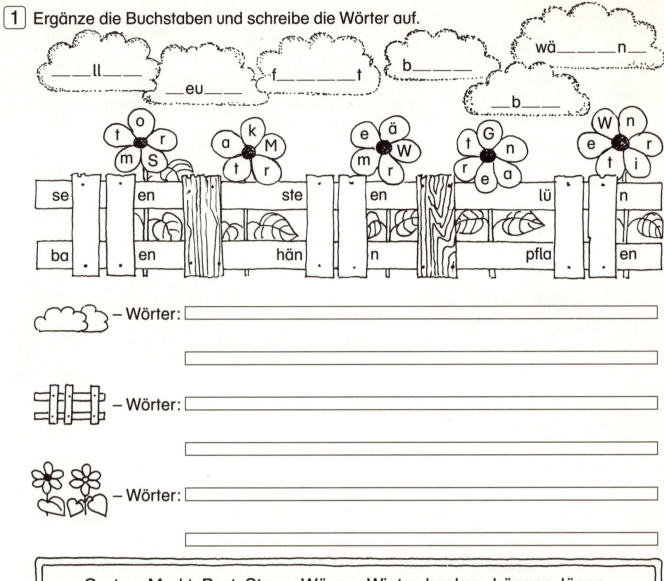

Garten, Markt, Post, Strom, Wärme, Winter, backen, hängen, lügen,
pflanzen, setzen, stecken, billig, feucht, teuer, bald, oben, während, wegen

2. Kennzeichne zusammengehörende Silben und schreibe die Wörter auf.

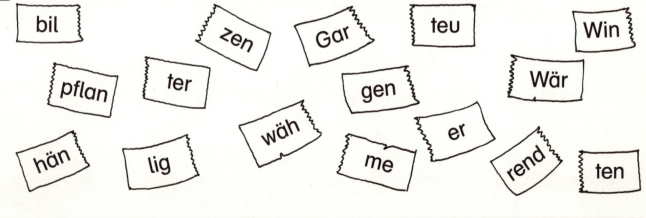

# Verwandte Wörter

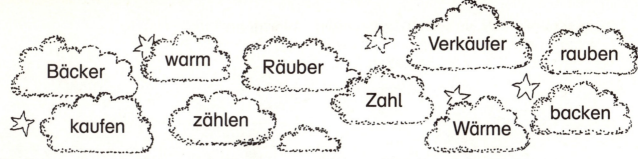

1. Immer zwei Wörter gehören zusammen. Male sie mit gleicher Farbe an.

2. Schreibe die Wörter nebeneinander und kennzeichne verwandte Wortteile farbig.

3. Unterstreiche die Umlaute.

4. Schreibe in die Zeilen das verwandte Zeitwort. Kennzeichne verwandte Wortteile farbig.

Traum
Glanz
Kamm

Wäsche
Sturz
Gefängnis

5. Immer kleiner

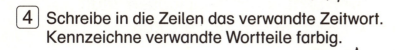

Mantel –
Haus –
Lamm –

6. Einer – viele

Kranz – Kränze   Maus –   Satz –

Garten –   Mann –   Faust –

# Mit allen Sinnen

1. Du kannst fühlen, riechen, hören, sehen und schmecken.
   Welche Zeitwörter und Eigenschaftswörter passen?
   Schreibe die Wörter in die Zeilen.

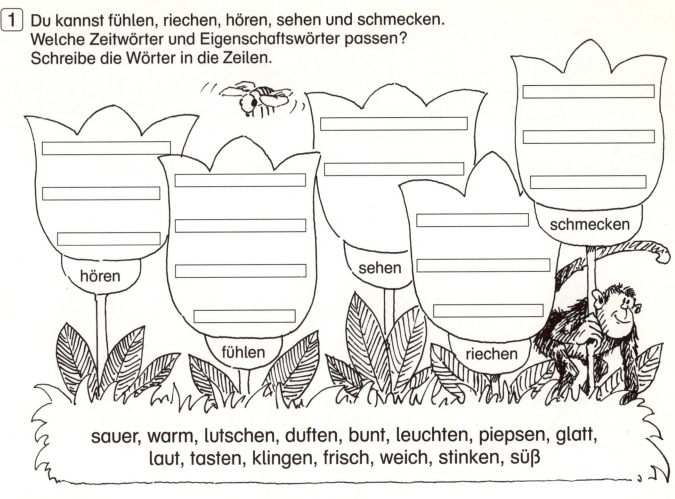

sauer, warm, lutschen, duften, bunt, leuchten, piepsen, glatt,
laut, tasten, klingen, frisch, weich, stinken, süß

2. Mit welchen Sinnen kannst du folgendes wahrnehmen?
   Notiere so:

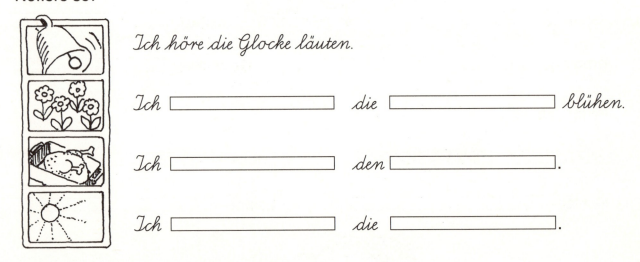

*Ich höre die Glocke läuten.*

*Ich* ☐ *die* ☐ *blühen.*

*Ich* ☐ *den* ☐ .

*Ich* ☐ *die* ☐ .

3. Finde passende Eigenschaftswörter.

Die Zitrone ist ☐. Das Radio spielt ☐.

Ich flüstere dir ☐ etwas ins Ohr. Die Katze hat ein

☐ Fell. Heute Morgen gibt es ☐ Brötchen.

# Satzgegenstand

**1** Wer ist gemeint? Fülle die Lücken und finde die Überschrift.

☐

Eines Morgens ist ☐ da.

☐ spüren ihn.

An den Sträuchern im Garten sind ☐.

Auf dem Dach singen ☐.

☐ scheint am Himmel.

☐ fühlt ihre Wärme.

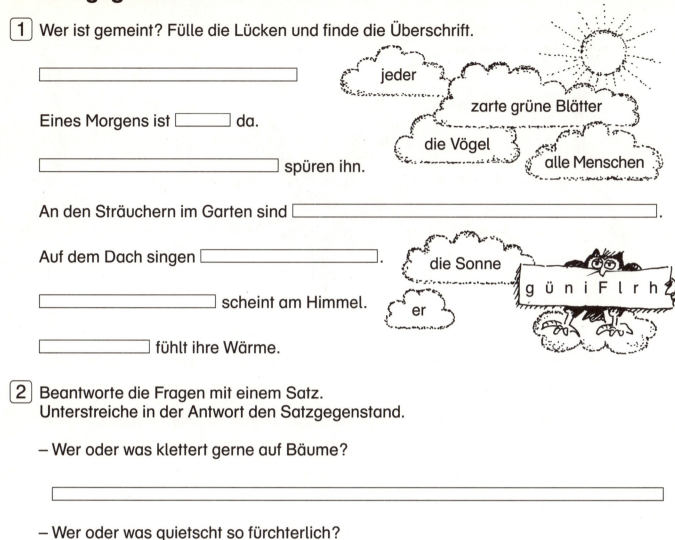

jeder / zarte grüne Blätter / die Vögel / alle Menschen / die Sonne / er / güniFlrh

**2** Beantworte die Fragen mit einem Satz.
Unterstreiche in der Antwort den Satzgegenstand.

– Wer oder was klettert gerne auf Bäume?

☐

– Wer oder was quietscht so fürchterlich?

☐

– Wer oder was schwimmt im Teich?

☐

Das sind meine Lösungen: Mädchen, Bremsen, Teddybär.

**3** Suche mit der Frage „Wer oder Was" in jedem Satz den Satzgegenstand. Unterstreiche ihn.

Im Traum sieht Melanie ein weißes Pferd. Es galoppiert über eine saftige Wiese. Plötzlich bleibt das Pferd stehen. Vor ihm plätschert ein Fluss vorbei. Auf der anderen Seite winkt ein Mädchen.

**4** Schreibe den Traum zu Ende. Unterstreiche immer den Satzgegenstand.

# Wir üben Merkwörter

1. Trage die Merkwörter aus dem Kasten an der richtigen Stelle im Schmetterling ein.

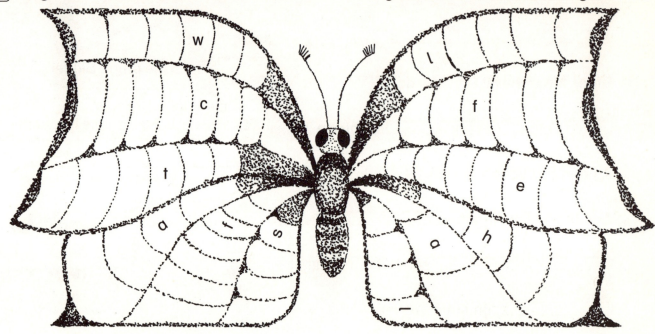

dies, euer, flüstern, Glocke, man, ohne, pfeifen, Prüfung, schwer, Spitze, sprechen, Stab, Steuer, streicheln, streng, Ziel

2. Ordne die Merkwörter nach Wortarten.

Namenwörter:          Zeitwörter:          andere Wörter:

Eigenschaftswörter:

3. Welche dieser Zeitwörter gibt es auch mit der Vorsilbe ver- ? Schreibe sie auf.

sprechen, flüstern, kaufen, holen, bieten, ordnen, pfeifen, laufen, graben, schlafen

# Essen international

Alle sind beschäftigt:

Silvio belegt Pizza.  Paul grillt Würstchen.
Claudia kocht Spaghetti.  Azim schneidet das Fleisch.

1  Frage mit „wer oder was…?" und antworte darauf.

z. B. *Wer oder was belegt die Pizza? Silvio!*

2  Frage auch mit „Was tut…?".

3  Unterstreiche in den Sätzen bei Aufgabe 1 Satzgegenstand und Satzaussage in unterschiedlichen Farben.

4  Unterstreiche in den Sprechblasen die Satzaussage.

- Ich verrühre das Mehl und die Milch.
- Hast du die Äpfel gewaschen?
- Schneide die Äpfel nicht so dick!
- Entkerne die Äpfel sorgfältig!
- Ich gebe die Eier und Zucker dazu.
- Lukas bestreut den Pfannkuchen mit Zucker.
- Schälst du die Äpfel?

Dieses Rezept gibt es in ganz Europa: Apfelpfannkuchen

Zutaten: 4 Eier, 8 Esslöffel Mehl, 80 g Butter, ½ l Milch, etwas Zucker, 2 Äpfel
 – Mehl und Milch glatt verrühren
 – Eier und Zucker hinzugeben
 – Äpfel waschen, schälen, entkernen und in Scheiben schneiden
 – Teig in die Pfanne geben
 – Apfelscheiben darauf geben, backen, mit Zucker bestreuen

# Reise durch Europa

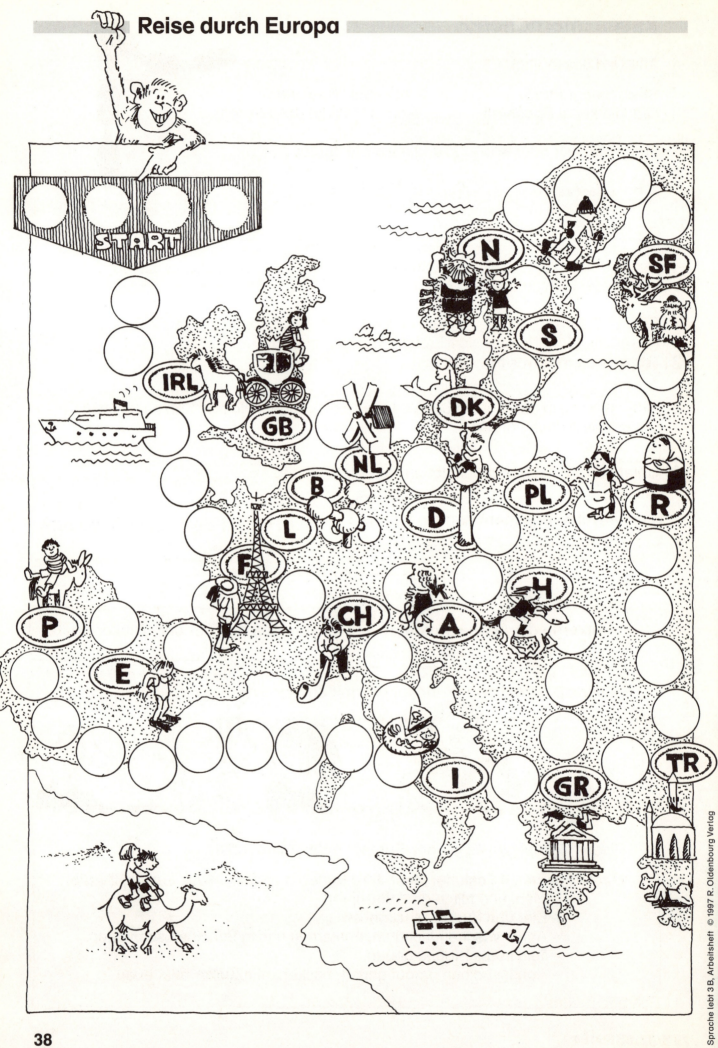

# Reise durch Europa

Auf dem Turm ist dir schwindlig geworden. Setze zweimal aus.

In der spanischen Sonne ist es dir zu heiß. Du fliegst nach Norwegen.

1. F Diese Karte bekommst du, wenn du auf dem Ereignisfeld in Frankreich Halt machst.
E Die Karte erhältst du auf dem Ereignisfeld in Spanien.
Unterstreiche mit unterschiedlichen Farben auf jeder Karte das Ereignis und das, was du tun musst.

2. Für die Ereignisfelder des Spiels müssen noch passende Karten erstellt werden. In welchem Land könnte das Ereignis geschehen sein? Trage das Länderkennzeichen ein.

Du hast deinen Zug verpasst.

Du bist lange auf einem Esel geritten und hast Muskelkater.

Du hast zu viel Pizza gegessen. Nun hast du Bauchweh.

Du hast in den Bergen eine Höhle entdeckt.

3. Welche Aufgaben sollen die Spieler ausführen? Achte darauf, dass sie zum Ereignis passen.

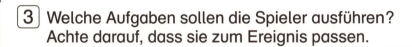

Spiele zwei Runden mit aufgespanntem Sonnenschirm.
Drehe dich fünfmal mit geschlossenen Augen.
Mache zehn Kniebeugen.

4. Schreibt für das ganze Spiel Ereigniskärtchen.

# Wir üben Merkwörter

Orhan ist ein Junge aus der Türkei. Er hat einen anderen Glauben.

Florian erzählt ihm:

Ich bin ein ▭. Ich glaube an ▭.

Ich ▭ zu ihm und nenne dabei seinen Namen. Am Sonntag

gehe ich in eine ▭. Das ist etwas anders

▭ bei ▭. Die Fenster haben häufig

bunte ▭. In jeder ▭

steht ein Altar und ▭ hängt ein

▭. Es ist ein Zeichen für Jesus, der als

Sohn ▭ einmal auf die Erde kam.

[1] Ergänze die Geschichte mit Wörtern aus dem Merkwortkasten.

> Christ, Ehe, Farbe, Gott, Kirche, Kreuz, Name, Onkel,
> beten, glauben, waschen, als, bevor, darin, darüber, einmal, euch

[2] Welche Wörter sind verwandt?
Ordne die Wörter und unterstreiche dann die gleichen Wortteile.

Christian, Kreuzung, farblich, färben, Christkind, Kreuzworträtsel, kreuzen, christlich, farbig, Kreuzspinne, Farbstift, Christine, farblos

Christ: ▭

Kreuz: ▭

Farbe: ▭

[3] Finde auch hierzu verwandte Wörter:

Name: ▭

Kirche: ▭

# Zahlwörter

Briefmarken sammeln

Heiko sammelt Briefmarken. Er hat schon sehr viele in einem Album. Gezählt hat er sie noch nicht. Bestimmt sind es tausend, vielleicht auch noch einige mehr. Zum Geburtstag schenkt Tante Uschi ihm zehn Sondermarken dazu. Die meisten sind noch nicht in seiner Sammlung. Ein paar davon hat Heiko bereits. Er will sie tauschen. Seine beiden Freunde haben nämlich so manche Marke, die er sich auch wünscht. Auch die zwei Freunde interessieren sich für etliche seiner Marken.

1 Unterstreiche alle Zahlwörter und ordne sie so:

bestimmte Zahlwörter             unbestimmte Zahlwörter

2 Schreibe als Wort:

100                1000

6                  4

3 Kennst du den Unterschied? Verbinde.

Ein **P**aar sind immer zwei.          Ein **p**aar sind mehrere.

# Mein Hobby

Name:

Mein Hobby:

**1** Notiere, was du über dein Hobby erzählen kannst.

**2** Erkläre, was dir bei deinem Hobby Spaß macht.

**3** Womit kannst du andere für dein Hobby begeistern?

Werbespruch für dein Hobby:

# Wir üben Merkwörter

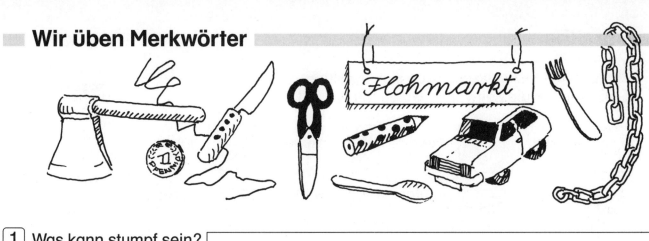

1. Was kann stumpf sein? 

   Was kann rosten? 

   Was kann man in der Tasche haben? 

   > Axt, Draht, Haufen, Leute, Stein, Strand, Tasche, Zeugnis, flicken, rosten, spotten, wandern, wetten, nett, stumpf, durch, fast, tausend, wert

2. Löse die Morse-Rätsel mit Hilfe von Merkwörtern:  • (= kurz) bedeutet Selbstlaut
   — (= lang) bedeutet Mitlaut

   • — —         — — • —         — • — — •

   — • — —       — • — — •       — • — —

   — • — —       — • — • —       — • — • —

3. Reime mit Merkwörtern.

   retten      kosten      Meute      fett      laufen

   Flasche     stricken    Hast       kein      Land

zu S. 90 und 91

## Vorsilben

1. Hinter den Masken verstecken sich Vorsilben.
   Setze sie vor die Zeitwörter, wo es möglich ist.

   lachen    lesen    ziehen    gehen

   hören    wählen    reißen    werfen

   an-
   vor-
   auf-
   aus-
   zer-

2. Schreibe die Zeitwörter mit ihren Vorsilben auf. Wie viele hast du gefunden?

3. Wähle von Aufgabe 2 Zeitwörter aus und verwende sie in Sätzen.
   Unterstreiche alle Zeitwörter.

   z. B.  *Mein kleiner Bruder lacht mich an.*
   *Miriam lacht ihre Schwester aus.*

   Vorsicht!
   Oft steht die
   Vorsilbe am Ende
   des Satzes.

   44                                                                    zu S. 93 und 94

## Wir üben Merkwörter

Fabrik, Gipfel, Hotel, Pfütze, Seife, Stück, Tüte, biegen, einpacken, führen, grüßen, keuchen, reißen, rutschen, schieben, verbieten, dreckig, fröhlich, schüchtern, steil, des

**1** Vor dem Spielen musst du erst die Lücken füllen. Die Merkwörter helfen dir dabei.

- Mache ein ▢ Gesicht!
- Spiele vor: Du keuchst auf den ▢ eines ▢ Berges.
- Suche ein ▢ ▢!
- ▢ deine Nachbarn!
- ▢ auf den Knien um deinen Stuhl!
- Spiele ein ▢ Kind!

**2** Würfle deine Aufgaben und schreibe auf, was du spielen musst.

*Ich muss*

**3** Ergänze die Wörter und unterstreiche die Merkwörter. Schreibe die ganze Geschichte in dein Heft.

Bergabenteuer

Gestern wollte i___ den Gi___el des Sandberges be___eigen.

Fröhli___ zog i___ los. Der Weg hinauf war ___eil und ich musste

ordentli___ keu___en. Auf ___nmal stolperte i___ ber

___nen ___ein, rut___te aus und f___l in ___ne ___ütze.

Oh weh, nun war i___ ganz ___ön dre___ig! Da halfen

nur no___ Wasser, S___fe und ___ne saubere Hose.

# Reizwortgeschichten

Im Wald trifft Kasper ein trauriges Krokodil.
Es ist verzaubert worden.
Kasper will ihm helfen. Er stellt dem weinenden Tier Fragen.

[1] Lass das Krokodil antworten.
Die Wörter in den Krokodilstränen helfen dir:

Was warst du vor deiner Verzauberung?

Wer hat dich verzaubert?

Wodurch bist du verzaubert worden?

Wie kannst du wieder erlöst werden?

[2] Schreibe nun die Geschichte des traurigen Krokodils auf.

Elfe
Gretel
Prinz
Hexe Hatschi
Zauberer Zambo
Riese Ratingo
Spruch
Trunk
Fluch
Wunderstein
Zauberwasser
Zauberspruch

# Sammelnamen

*Ein Sammelname steht für viele Namen. Sammelnamen helfen ordnen.*

## Koffer packen

**1** In die verschiedenen Koffer dürfen nur bestimmte Dinge gepackt werden. Ordne sie und trage auf dem Kofferschild die Sammelnamen ein.

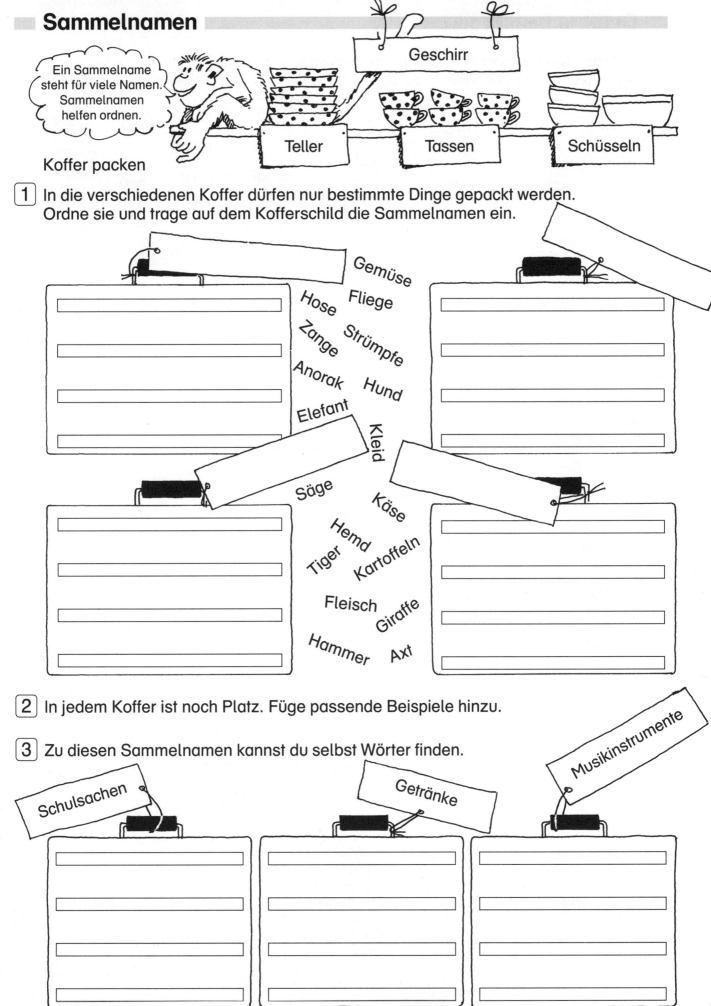

Gemüse, Fliege, Hose, Strümpfe, Zange, Anorak, Hund, Elefant, Kleid, Säge, Käse, Hemd, Tiger, Kartoffeln, Fleisch, Giraffe, Hammer, Axt

**2** In jedem Koffer ist noch Platz. Füge passende Beispiele hinzu.

**3** Zu diesen Sammelnamen kannst du selbst Wörter finden.

Schulsachen — Getränke — Musikinstrumente

# Gefühle beschreiben

1. Freude, Wut und Angst sind sehr unterschiedliche Gefühle. Kennzeichne die Ausdrücke, die zu jedem Gefühl gehören, jeweils mit der gleichen Farbe.

jubeln • zittern • im Gesicht rot anlaufen • umhertanzen • mit den Augen rollen • mit dem Fuß aufstampfen • blass werden • in die Luft springen • erstarren • schimpfen • stottern • singen

2. Ordne die Ausdrücke passend zu. Du kannst die Listen noch ergänzen.

3. Schreibe zu dem Bild eine Geschichte in dein Heft.

# Wörter mit Dehnungen

**1** Setze **aa**, **ee** und **oo** richtig ein und schreibe die Wörter dahinter.

| H | A | A | R |
|---|---|---|---|
| T | E | E | R |
| M |   |   | R |
| M |   |   | R |
| S |   |   | L |
| B |   |   | T |
| P |   |   | R |
| B |   |   | T |

Haar
Teer

| S |   | L | E |   |
|---|---|---|---|---|
| B |   | R | E |   |
| W |   | G | E |   |
| K | A | F | F |   |
| T |   |   |   |   |
| S |   |   |   |   |
| F |   |   |   |   |
| K | L |   |   |   |
| S | C | H | N |   |
| Z |   |   |   |   |
| l |   |   | r |   |

**2** Suche die Lösungswörter und schreibe sie auf.

Es wächst auf den meisten Köpfen.

Es ist ein Wasserfahrzeug.

Das ist ein großer Raum.

Darauf sitzt du.

Sie sammelt Nektar.

Es ist ein größeres Gewässer.

Der kommt nach dem Winter.

124 ist eine…

Wer stiehlt, ist ein…

Das Gegenteil von traurig ist…

Man läuft vom Start ins…

Der fällt im Winter vom Himmel.

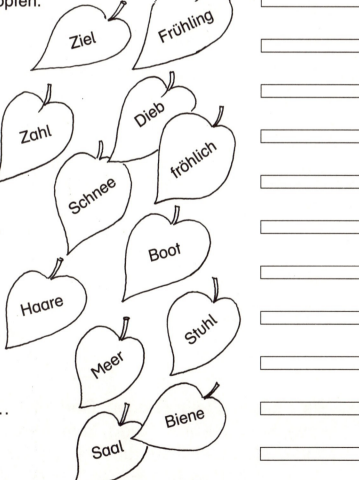

Ziel, Frühling, Zahl, Dieb, fröhlich, Schnee, Boot, Haare, Stuhl, Meer, Biene, Saal

# Wir üben Merkwörter

1 Suche im Merkwortkasten verwandte Merkwörter.

Schutz: [                    ]   Schreck: [                    ]

kriegerisch: [                ]   friedlich: [                  ]

zählen: [                     ]   Rauch: [                      ]

2 Im Rätsel sind neun Merkwörter versteckt. Male die Wort-Felder gelb aus.

| S | T | W | E | N | N | U | V | W | U | R | S | T | G | T | U | A |
|---|---|---|---|---|---|---|---|---|---|---|---|---|---|---|---|---|
| O | X | Z | T | A | U | C | H | E | N | E | L | N | V | O | L | L |
| N | O | K | O | H | L | E | P | R | S | I | G | E | G | E | N | D |
| S | H | O | N | I | G | H | E | R | B | S | T | I | E | W | C | H |
| T | E | R | S | T | I | C | K | E | N | T | H | K | N | L | M | X |

3 Schreibe die gefundenen Merkwörter auf.

[                                                              ]

[                                                              ]

4 Kluge Sprüche! Setze die passenden Wörter ein. Du findest sie im Merkwortkasten.

Alte Lebensweisheit:   Trinkst du zuerst ein [            ] und dann mehr,

ist dein Glas nicht mehr [            ] sondern leer.

Imkerregel:   [            ] die Biene im [            ] in jede Blüte,

hat der [            ] im Herbst besondere Güte.

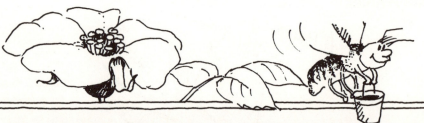

Eis, Fleisch, Fleiß, Frieden, Gedanke, Gegend, Gewalt, Herbst,
Honig, Kaffee, Kohle, Krieg, Maß, Meer, Pause, Sommer, Speise,
Wurst, Zahl, ersticken, rauchen, schützen, tauchen, schrecklich,
voll, bisschen, extra, gegen, sofort, sonst, wenn

# Mein Grundwortschatz im dritten Schuljahr

**A**
- Acker
- Amt
- ändern
- angeln
- als
- also
- Aufgabe
- aufräumen
- aufwecken
- außen
- Axt

**B**
- backen
- baden
- bald
- Bank
- Bart
- Bauch
- beginnen
- beißen
- bereiten
- beten
- Bett
- bevor
- bewegen
- biegen
- billig
- bisschen
- blicken
- Block
- Boot
- boxen
- brav
- bremsen
- Brücke
- Bruder
- Butter

**C**
- Christ

**D**
- daran
- darauf
- darin
- darüber
- darum
- Decke
- des
- dick
- Dieb
- dies
- Draht
- dreckig
- drücken
- dumm
- durch

**E**
- Ehe
- eigentlich
- einmal
- einpacken
- Eis
- Eltern
- entgegen
- erst
- ersticken
- etwas
- euch
- euer
- extra

**F**
- Fabrik
- fahren
- Farbe
- fast
- feiern
- Ferien
- fett
- feucht
- Fisch
- Fleisch
- Fleiß
- flicken
- Fluss
- flüstern
- Frau
- fressen
- Friede
- fröhlich
- führen
- Futter

**G**
- ganz
- Garten
- Gedanke
- gegen
- Gegend
- Gemüse
- Gewalt
- gewinnen
- Gewitter
- giftig
- Gipfel
- glauben
- Glocke
- Gott
- grüßen

**H**
- halb
- Hals
- hängen
- hatte
- Haufen
- Heft
- heiraten
- Herbst
- heulen
- Hexe
- holen
- Honig
- Hotel
- hüpfen

**I**
- immer
- impfen
- ins

**J**
- jemand

**K**
- Kaffee
- Käfig
- Kampf
- Kette
- keuchen
- Kirche
- Kissen
- Kleid
- klopfen
- kochen
- Kohle
- Kreuz
- Krieg
- Küche
- Kugel

**L**
- laut
- Lehrer
- leiten
- leuchten
- Leute
- liegen
- links
- Löffel
- lügen
- lustig

**M**
- Mädchen
- malen
- man
- Mann
- Markt
- Maß
- Meer
- mehr
- Minute
- mixen

**N**
- Nachbar
- Name
- Natur
- neben
- nett
- nichts
- noch
- Nummer

**O**
- ob
- oben
- ohne
- Onkel

**P**
- parken
- Pause
- pfeifen
- Pfennig
- pflanzen
- pflegen
- Pfütze
- Post
- Praxis
- Prüfung
- putzen

**R**
- rauchen
- Raum
- rechts
- reißen
- reiten
- rennen
- retten
- Rose
- rosten
- rudern
- Ruhe
- rutschen

**S**
- Salat
- sammeln
- sauber
- schieben
- schimpfen
- schließen
- Schlitten
- Schloss
- schlüpfen
- Schmutz
- schöpfen
- schrecklich
- schüchtern
- Schulter
- schütteln
- schützen
- schweigen
- schwer
- Schwester
- schwierig
- schwimmen
- See
- seid
- Seife
- seit
- selber
- selbst
- setzen
- sofort
- Sommer
- sondern
- sonst
- sorgen
- Spannung
- Spaß
- spät
- Speise

## Mein Grundwortschatz im dritten Schuljahr

- [ ] Spitze
- [ ] Sport
- [ ] spotten
- [ ] sprechen
- [ ] Stab
- [ ] Stamm
- [ ] stecken
- [ ] stehlen
- [ ] steil
- [ ] Stein
- [ ] sterben
- [ ] Steuer
- [ ] stimmen
- [ ] Stirn
- [ ] stoßen
- [ ] Strand
- [ ] streicheln
- [ ] streng
- [ ] Strom
- [ ] Stück
- [ ] Stuhl
- [ ] stumpf
- [ ] stürmen
- [ ] stürzen

**T**
- [ ] Tafel
- [ ] tanzen
- [ ] Tasche
- [ ] tauchen
- [ ] tausend
- [ ] Taxi
- [ ] Telefon
- [ ] teuer
- [ ] Text
- [ ] Tomate
- [ ] tot
- [ ] Träne
- [ ] Treppe
- [ ] trinken
- [ ] tropfen
- [ ] turnen
- [ ] Tüte

**U**
- [ ] über
- [ ] unter
- [ ] Unterricht

**V**
- [ ] verbieten
- [ ] vergessen
- [ ] verlangen
- [ ] verletzen
- [ ] voll
- [ ] vorsichtig

**W**
- [ ] wachsen
- [ ] wählen
- [ ] wahr
- [ ] während
- [ ] wandern
- [ ] Wärme
- [ ] waschen
- [ ] wechseln
- [ ] weder
- [ ] wegen
- [ ] welche
- [ ] wem
- [ ] wenig
- [ ] wenn
- [ ] wert
- [ ] wetten
- [ ] wieder
- [ ] Winter
- [ ] wird
- [ ] Wurst
- [ ] Wut

**Z**
- [ ] Zahl
- [ ] Zeitung
- [ ] Zettel
- [ ] Zeugnis
- [ ] Ziel
- [ ] zittern
- [ ] Zucker
- [ ] Zunge
- [ ] zurück